Wolfgang Pauls

Kommissar Spaghetti
und das Schwein im Lehrerzimmer

Literaturseiten
mit Lösungen

Lesekompetenz
Textverständnis
Kreativität
Fantasie

Lynn-Sven Kohl

Lernen mit Humor
KOHL VERLAG
Der Verlag mit dem Baum
www.kohlverlag.de

Kommissar Spaghetti
und das Schwein im Klassenzimmer
von Wolfgang Pauls
Umschlagbild von Hans-Jürgen Feldhaus

Literaturseiten zum Taschenbuch
„Kommissar Spaghetti und das Schwein im Lehrerzimmer"

1. Auflage 2006

Text: Lynn-Sven Kohl
Satz: Kohl-Verlag
Druck: farbo Druck, Köln

Bestell-Nr. 14 144

ISBN: 3-86632-144-9

Inhalt

KOHL VERLAG
Der Verlag mit dem Baum
www.kohlverlag.de

* Die Seitenangaben beziehen sich auf die aktuelle Buchausgabe aus dem dtv, ISBN 3-423-70476-4

Vorwort / Ideen

Liebe Kolleginnen und Kollegen,

literarische Erziehung ist heute kein Privileg bestimmter Gesellschaftsschichten mehr. Sie will dazu beitragen, die jungen Menschen auf die geistige Bewältigung ihres Lebens vorzubereiten.

Mit der Idee, Literaturseiten als Begleitmaterial zur Lektüre einzusetzen, streben wir folgende Globalziele an:

- Freude am Literaturunterricht wecken
- Freude am Lesen allgemein wecken
- den Wortschatz erweitern
- Funktion von Sprache allgemein erfahren und erleben
- Texte in Zusammenhängen wahrnehmen
- analysieren und deuten von Literatur
- Elemente der Grammatik einüben und festigen
- weitere Anreize geben zum kommunikativen Unterricht
- Förderung des Sprachgefühls

Mit unseren Literaturseiten üben wir:

- Texte zu verstehen
- sinnerfassendes Lesen
- Texte zu erschließen
- mit Sprache zu spielen
- Zusammenhänge zu erschließen
- den Lesevorgang zu festigen
- den Wortschatz zu erweitern und die Grammatik zu verbessern.

Wir hoffen, dass unsere vorliegenden Literaturseiten für die Schüler wie auch die Lehrer sowohl Anregung als auch Arbeitserleichterung bedeuten und die Lernziele sicherstellen.

Natürlich liegt es ganz in Ihrem Ermessen, die einzelnen Aufgabenstellungen dem individuellen Leistungsstand Ihrer Klasse anzupassen. Dies erreichen Sie, indem z.B. Passagen gestrichen oder durch eigene Ideen ergänzt oder erweitert werden. Im Einzelfall können Sie auch generell alle Aufgaben zu Einzelarbeit (EA) erklären.

Diese Literaturseiten wurden bereits praxiserprobt und von den Schülern in ihrer Vorgehensweise, Aufgabenstellung und Methodenvielfalt positiv aufgenommen. So bleibt nun nur noch, Ihnen viel Erfolg und Freude bei Ihrem Literaturunterricht zu wünschen.

Ihr Kohl-Verlagsteam und

Lynn-Sven Kohl

Bedeutung der Symbole: 

Einzelarbeit 

Partnerarbeit 

Gruppenarbeit

Zum Autor

Wolfgang Pauls, geboren 1948, ist Diplom-Psychologe und seit 1985 freiberuflicher Schriftsteller. Neben zahlreichen Kinderbüchern schreibt er auch Hörspiele und Drehbücher fürs Kinderfernsehen.

Die lustigen Illustrationen stammen von Hans-Jürgen Feldhaus. Er ist für verschiedene Verlage tätig und arbeitet als freischaffender Grafiker in einem Team in Münster.

Zum Buch

Kommissar Spaghetti heißt eigentlich Giacomo Pomeriggio, ist 1,99 m groß, spindeldürr, Italiener und Hausmeister mit detektivischen Ambitionen. Sein Tätigkeitsfeld ist die Erich-Kästner-Schule in Lummelsbach. Er ist ein Freund der Kinder - besonders wenn es darum geht, Isabella Nothnagel, ihres Zeichens Rektorin, Paroli zu bieten. Ein Schwein im Lehrerzimmer? Auf dem Platz der Rektorin? Das geht zu weit!

Personenbeschreibung / Lückentext

Kapitel 1 (Buchseiten 5 - 12)

EA

1 *Im Buch auf den Seiten 5 und 6 werden die wichtigsten Personen vorgestellt, die im Buch vorkommen. Leider wurden die Beschreibungen der einzelnen Personen nicht vollständig übernommen. Ergänze die fehlenden Informationen zu folgenden Personen!*

____________________ heißt eigentlich Giacomo Pomeriggio. Ausgesprochen wird das *Dschackomo Pommeriedscho*, denn er ist __________. Und dazu einen Meter ____________________ groß und ______________. Deshalb nennen ihn die Schüler auch ___________. Eigentlich spricht er perfekt ___________. Aber es macht ihm Spaß, nicht perfekt Deutsch zu sprechen. Von Beruf ist er ________________ an der _______________________.

_________ von Australien ist ein ______________. Ganze ein Meter sechzig hoch und _____ Kilo schwer. Komissar Spaghettis Bruder hat es aus ______________ mitgebracht.

Rektorin _____________________ bringt es auf hagere ein Meter fünfzig. Ihre Stimme gleicht dem Kreischen einer _____________. Sie liebt bürokratische ______________. Und ________ ist sie ....

Frau Kertenbach-Besserkrott, Spitzname ___________________ ist immer schrecklich ________ zu den Kindern. Sie unterrichtet alles, aber am liebsten _________.

Literaturseiten zu „Kommissar Spaghetti und das Schwein im Lehrerzimmer" - Best.-Nr. 14 144
KOHL VERLAG Der Verlag mit dem Baum www.kohlverlag.de

Lückentext / Arbeiten am Text

Kapitel 1 (Buchseiten 5 - 12)

Heribert Sack wäre lieber ________________ als ____________ geworden. Er wiegt __________________ und unterrichtet Mathe, Deutsch, Religion und ___________.

Kathrin, Benny, José, Mecki, Pelle, Anna-Maria, Manuela, Alex, Steven, Angela, Sebastian, Kevin und Eva sind _______________ und ______________ der Erich-Kästner Schule.

EA

2 *Lies im Buch die Seiten 7 bis 12 aufmerksam durch. Beantworte anschließend die folgenden Fragen in ganzen Sätzen! Schreibe deine Antworten in dein Heft!*

a) Wann steht Herr Sack für gewöhnlich auf?

b) Was sitzt an diesem Schulmorgen auf dem Platz der Rektorin Isabella Nothnagel?

c) Herr Sack hat ein großes Hobby. Wofür kann er sich begeistern?

d) Herr Sack hält das Schwein für ein außerirdisches Wesen. Warum?

e) Als Rektorin Isabella Nothnagel das Schwein erblickt, ist sie nicht sehr begeistert. Warum möchte sie das Schwein möglichst schnell verschwinden lassen und wohin soll es vorerst verfrachtet werden?

f) Welcher Gedanke schießt Herrn Sack durch den Kopf, als die Lehrerin Kertenbach-Besserkrott mit ausgestreckter Hand auf das Tier zugeht? Wovor hat er Angst?

g) Der Hausmeister, auch Spaghetti genannt, möchte das Schwein am liebsten sofort zu einem leckeren Braten verarbeiten. Doch das weiß Herr Sack erfolgreich zu verhindern. Was sagt er zu ihm?

h) Die Rektorin trifft schließlich den Entschluss, das Schwein in den Keller zu verfrachten. Wer alles soll bei dem Transport helfen?

PA

3 *Was würdet ihr machen, wenn eines Morgens plötzlich ein Schwein in eurer Küche stünde? Schildert euch gegenseitig!*

Literaturseiten zu „Kommissar Spaghetti und das Schwein im Lehrerzimmer“ - Best.-Nr. 14 144
KOHL VERLAG Der Verlag mit dem Baum www.kohlverlag.de

Verständnisfragen / Direkte-indirekte Rede

Kapitel 2 (Buchseiten 13 - 18)

EA

1 *Beantworte die folgenden Fragen in ganzen Sätzen!*

a) Als Kathrin den Schulhof betritt, folgt ihr jemand schnellen Schrittes. Wer?

____

b) Warum lässt sich José seit Neuestem von seinem Vater mit dem Auto zur Schule fahren?

____

c) Was steht auf dem Plakat in der Pausenhalle?

____

EA

2 *Setze das folgende Gespräch zwischen Kathrin und José von der direkten in die indirekte Rede! Schreibe den Text unten auf!*

„Was is`n das?“, fragte José. „Ach, wie neugierig“, war die schnippische Antwort. „Zeig mal her!“ Zack – verschwand die Hand mit dem zusammengeknüllten Blatt hinter Kathrins Rücken. „Ich hol`s mir!“, drohte José. „Versuch`s doch!“, neckte Kathrin – und rannte los. Bis in die äußerste Ecke der Pausenhalle. Dort prallte sie fast gegen die Wand. Und José prallte gegen Kathrin. Aber nicht nur fast! „He, spinnst du!“, schimpfte Kathrin, aber sie lachte dabei. „Zeigst du`s mir jetzt?“, fragte José und packte ihre Hand.

José fragte, was denn das sei. Darauf...

____

____

____

____

____

____

____

KOHL VERLAG Der Verlag mit dem Baum www.kohlverlag.de
Literaturseiten zu „Kommissar Spaghetti und das Schwein im Lehrerzimmer“ - Best.-Nr. 14 144

Einen Brief verfassen / Textverständnis

Kapitel 2 (Buchseiten 13 - 18)

EA

3

„Wenn ihr Julchen nicht rettet, ist sie verloren! – Was soll das denn?" „Keine Ahnung." „Hm. Kennst du `n Julchen?" „Nur die Blöde aus der 6b. Du weißt doch: Die immer so angibt mit ihrem Pferd." „Ihrem Pony. Außerdem heißt sie Julia." „Na und? Ist doch dasselbe." „Und die soll gerettet werden?" „Na ja, versteh ich auch nicht. So eingebildet wie die ist, ist die nicht mehr zu retten."

Stell dir vor, du hast dem Gespräch der beiden heimlich gelauscht. Nun möchtest du deinem besten Freund mitteilen, über was die beiden gesprochen haben. Schreibe deinem Freund einen Brief, in dem du ihn einweihst!

EA

4

Plötzlich tauchen zwei Polizisten in der Schule auf. Wieso stürzen Kathrin und José plötzlich wie auf Kommando los Richtung Treppenhaus? Erkläre!

____

____

EA

5

Als die beiden Polizisten die Treppe heraufsteigen, sehen sie die Rektorin Nothnagel auf der obersten Treppenstufe stehen. Lautstark versucht sie, den Hausmeister Pomeriggio zu dirigieren, der das Schwein an den Ohren zum Flur zu schleifen versucht. Was werden sich die beiden Polizisten bei diesem Anblick wohl denken? Schreibe deren Gedanken in die Gedankenblase!

EA

6

Warum wollen die Polizisten das Schwein nicht mitnehmen? Schreibe eine ausführliche Antwort in dein Heft/deinen Ordner!

Literaturseiten zu „Kommissar Spaghetti und das Schwein im Lehrerzimmer" - Best.-Nr. 14 144
KOHL VERLAG Der Verlag mit dem Baum www.kohlverlag.de

Richtig oder Falsch? / Seitenzahlen finden

Kapitel 3 (Buchseiten 19 - 29)

EA

1

- *In der folgenden Aufgabe stehen richtige oder falsche Aussagen. Kreuze lediglich alle richtigen Aussagen an!*
- *Trage zusätzlich in die Kästchen rechts ein, auf welcher Seite im Buch du die Aussage gefunden hast!*

☒ **Richtig!**

			Seite
a)	☐	Kathrin und José stehen in der Türnische zum Physik-Saal, als die beiden Polizisten vorbeikommen.	☐
b)	☐	Im Flur vor dem Lehrerzimmer herrschte inzwischen Partystimmung.	☐
c)	☐	Wieder rettete der findige Italiener die Situation. Er wies auf Herrn Sacks Hosenträger und befahl: „Ausziehen!“	☐
d)	☐	„Wir? Wieso wir? Sie sagen den Kindern, im Musiksaal wäre ein Wasserrohr geplatzt, fertig!“, sagte die Rektorin.	☐
e)	☐	Alles rannte und brüllte durcheinander: „Es brennt! Im Lehrerzimmer brennt es!“	☐
f)	☐	„Ein Lastkran, genau!“, pflichtete der Herr Sack dem Hausmeister bei.	☐
g)	☐	Und dann fingen sie an zu singen: „O du schöner Weihnachtsbaum, du grünst so sehr...“	☐
h)	☐	„Mastschwein – damit meinen die bestimmt Herrn Sack“, flüsterte Kathrin.	☐
i)	☐	„Alaaarm! Feuer, *fuoco*, Feuer!“, schrie der Hausmeister.	☐
j)	☐	„Hauruck!“, rief der Hausmeister und mit einer gemeinsamen Kraftanstrengung gelang es den vieren, das regungslos daliegende Tier auf den Schlitten zu hieven.	☐
k)	☐	„Die lügen uns doch einfach nur an“, flüsterte Kathrin.	☐
l)	☐	„Schnell in den Musiksaal!“, keuchte Frau Nothnagel, als sie es in der Pausenhalle lärmen hörte.	☐

Literaturseiten zu „Kommissar Spaghetti und das Schwein im Lehrerzimmer“ - Best.-Nr. 14 144
KOHL VERLAG Der Verlag mit dem Baum www.kohlverlag.de

Textverständnis / Impulsfragen

Kapitel 3 (Buchseiten 19 - 29)

EA

2

a) *Nachdem alle Versuche scheitern, das Schwein per Hand in den Keller zu bugsieren, muss eine neue Lösung her. Da kommt dem Hausmeister Spaghetti eine Idee. Welche?*

____

____

b) *Wie wollen sie das Schwein während des Transportes befestigen?*

____

____

EA

3

Um die Kinder von dem Treppenhaus fernzuhalten und der drohenden Entdeckung des Schweins zu entgehen, wendet der Hausmeister einen Trick an. Wie lenkt er die Schüler ab?

____

____

PA

4

Überlegt gemeinsam, welche Tricks die Lehrer und Hausmeister Spaghetti noch anwenden könnten, um zu verhindern, dass die Schüler das Schwein auf dem Schulgang entdecken! Schreibt eure Ergebnisse auf und vergleicht sie mit den anderen Gruppen!

EA

5

Was macht Kathrin und José an der Erklärung der Frau Kertenbach-Besserkrott stutzig, weswegen der Musiksaal geschlossen bleiben muss?

____

____

EA

6

Was fanden Kathrin und José an der Feuerübung seltsam?

____

____

Umgang mit Verben / Lückentext

Kapitel 4 (Buchseiten 30 - 37)

EA

1 *Suche aus dem folgenden Text alle Verben (Tunwörter) heraus. Setze sie in den Infinitiv (Grundform) und schreibe sie unten auf!*

Die Sau auf die Sackkarre zu hieven, war kein Problem. Sie hatte es irgendwie geschafft, sich mitsamt dem Schlitten auf die Seite plumpsen zu lassen und lag nun schlafend vor dem Klavier. Der Hausmeister schob ihr die Ladeplatte so weit wie möglich unter die Schwarte, löste den Hosenträger vom Schlitten, verknotete einen Trägergurt am Holm der Karre, nahm den anderen und – die Sau erwachte aus ihrem Erschöpfungsschlaf. Mit einem erschreckten, lang gezogenen Oiiiiik! Schnell legte ihr der Hausmeister den Arm um den Hals – und verknotete mit der anderen Hand auch den zweiten Gurt an der Karre.

___________________ ___________________

___________________ ___________________

___________________ ___________________

___________________ ___________________

___________________ ___________________

___________________ ___________________

EA

2 *Lies im Buch die Seiten 34 und 35 aufmerksam durch. Fülle anschließend den Lückentext mit den folgenden Begriffen!*

Tatsächlich: In eine ______________ geklemmt und halb unter den __________ verborgen, hatte es bisher niemand ______________.

Giacomo tätschelte dem ________________ Schnitzelanwärter die Wange und nahm ihm das ____________ ab. Ein _________ Hundehalsband mit rosa Herztäschchen. Neugierig fingerte er den _____________ auf und fischte einen auf Markstückgröße _______________ Zettel aus dem ______________. *„Porco Dio*, so ein ________ - das ist doch ... Eine _____________! - *Havaalani* _____________. *22.09.* Hmmm.

Literaturseiten zu „Kommissar Spaghetti und das Schwein im Lehrerzimmer" - Best.-Nr. 14 144
KOHL VERLAG Der Verlag mit dem Baum www.kohlverlag.de

Arbeiten am Text / Impulsfragen

Kapitel 4 (Buchseiten 30 - 37)

EA

3 *Beantworte die folgenden Fragen in vollständigen Sätzen!*

a) Was für ein Haustier besitzt Hausmeister Spaghetti?

____

b) Mit was für einem Gefährt soll das Schwein in den Keller transportiert werden?

____

c) Warum schaut sich Hausmeister Spaghetti gründlich nach allen Seiten um, bevor er die Tür zum Musiksaal aufschließt?

____

____

d) Zwischen einer Speckfalte hat der Hausmeister bei dem Schwein etwas entdeckt. Was?

____

____

e) Was steht darauf?

____

EA

4 *Hausmeister Spaghetti kann mit dem Zettel nicht allzu viel anfangen. Weswegen ist er skeptisch? Lies im Buch auf S. 36 nach und schreibe in dein Heft!*

EA

5 *Hausmeister Spaghetti soll am Flughafen in Frankfurt Gäste abholen. Doch vorher möchte er noch einen kleine Abstecher machen. Wohin? Was hat er dort vor?*

Literaturseiten zu „Kommissar Spaghetti und das Schwein im Lehrerzimmer“ - Best.-Nr. 14 144
KOHL VERLAG Der Verlag mit dem Baum
www.kohlverlag.de

Textverständnis / Silbentrennung

Kapitel 5 (Buchseiten 38 - 43)

EA

1 *Beantworte die folgenden Fragen in vollständigen Sätzen! Schreibe die Antworten in dein Heft/deinen Ordner!*

a) José und Benny (Gameboy-Benny) radeln nachmittags am Schulgebäude vorbei. Welche Beobachtung machen sie dort?

b) Wer hält sich um diese Uhrzeit lediglich noch im Schulgebäude auf?

c) Warum bekommt Benny von den Geschehnissen auf dem Schulhof nichts mit?

d) Welche Antwort bekommen die beiden Polizisten zu hören, als sie Hauptmeister Spaghetti nach dem Schwein fragen?

e) Nachdem die Polizisten abgezogen sind, schwingt sich der Hausmeister auf sein Fahrrad. Wohin fährt er und was macht er dort?

EA

2 *Trenne die folgenden Wörter in ihre einzelnen Silbenbestandteile!*

Beispiel: **Minuten = Mi - nu - ten**

a) Zebrastreifen = ______________________

b) beschleunigen = ______________________

c) Polizeiwagen = ______________________

d) Gepäckkorb = ______________________

e) Treppenhaus = ______________________

f) Hausmeister = ______________________

g) Beförderung = ______________________

PA

3 *Stellt euch vor, das Schwein wäre noch im Keller gewesen. Wie hätte wohl die Ansprache ausgesehen, die Herr Sack sich ausgedacht hatte? Eure Fantasie ist gefragt!*

Literaturseiten zu „Kommissar Spaghetti und das Schwein im Lehrerzimmer" - Best.-Nr. 14 144
KOHL VERLAG Der Verlag mit dem Baum www.kohlverlag.de

Kreuzworträtsel

Kapitel 5 (Buchseiten 38 - 43)

EA

4 *Fülle die Lücken mit den richtigen Begriffen. Trage diese anschließend in das Kreuzworträtsel ein. Die Buchstaben in den grau schraffierten Kästchen ergeben, in die richtige Reihenfolge gebracht, ein Lösungswort!*

a) Zur selben Zeit schloss Herr Sack das ______________ auf.

b) Zu Hause hatte er seine gesamte Sciencefiction-Bibliothek auf der Suche nach dem ______________ Swinote durchsucht.

c) Herr Sack hatte auf Bauer Friedrichs Feld 17 ______________ gesammelt.

d) Damit würde das Swinote eine Zeit lang ______________.

e) Auf seinem Weg in den Keller legte sich Herr Sack eine ______________ zurecht.

f) Er wollte den ______________ begrüßen.

g) Mit (1) ______________ Händen stand er vor der (2) ______________.

h) Der Kellerraum war leer - ______________.

Lösungswort: H ______________

Literaturseiten zu „Kommissar Spaghetti und das Schwein im Lehrerzimmer“ - Best.-Nr. 14 144
KOHL VERLAG Der Verlag mit dem Baum
www.kohlverlag.de

Richtig oder falsch?

Kapitel 6 (Buchseiten 44 - 54)

EA

1

- *Lies im Buch die Seiten 44 bis 49 aufmerksam durch!*
- *Welche der folgenden Aussagen sind richtig, welche falsch? Kreuze nur die richtigen Aussagen an!*

[X] **Richtig!**

a) ☐ Plötzlich drosselte der Fremde das Tempo und steuerte den Zuganzeiger auf Bahnhof 18 an.

b) ☐ In der Interregio-Bahn nach Stuttgart nahm Giacomo Pomeriggio noch einmal das Buch aus dem rosa Herzchen.

c) ☐ Plötzlich hörte er jemand hinter sich rufen: „Frankfurt Havaalanina. Tren hangi yoldan Kalkiyor? Havaalanina!!!"

d) ☐ Lockenkopf Nummer eins winkte Lockenkopf Nummer zwei zu.

e) ☐ Der lange Hausmeister hatte keinerlei Mühe, den beiden zu folgen. Sie konnten ihm nicht entkommen.

f) ☐ In diesem Augenblick flog ein Flugzeug vorbei.

g) ☐ Dem langen Hausmeister gelang es gerade noch, in den Wagen zu springen, bevor die Tür hinter ihm zuschlug.

h) ☐ Aber das Wort wurde er nicht los: *Ha - vaa - la - ni* ... Vielleicht hieß es doch Hauptbahnhof!

i) ☐ Der Hausmeister wurde von dem einen Lockenkopf mit dem Messer bedroht.

j) ☐ Giacomo Pomeriggio zögerte nicht. Er folgte dem Fremden.

k) ☐ Giacomo Pomeriggios Hirn lief auf Hochtouren: *Havaalani* kann doch nicht *Zug* heißen.

l) ☐ Ein wenig schneller schlug das Hausmeisterherz dann doch, als er auf den Mann zuging und ihm wortlos den Schweinezettel unter die Nase hielt.

Literaturseiten zu „Kommissar Spaghetti und das Schwein im Lehrerzimmer" - Best.-Nr. 14 144
KOHL VERLAG Der Verlag mit dem Baum
www.kohlverlag.de

Textverständnis / Tabelle erstellen

Kapitel 6 (Buchseiten 44 - 54)

EA

Beantworte die folgenden Fragen in vollständigen Sätzen!
Schreibe in dein Heft/in deinen Ordner!

a) Giacomo Pomeriggio lässt dieses seltsame Wort nicht los. *Ha-vaa-la-ni*. Was könnte das wohl bedeuten? Wieso kommt er auf die Idee, dass dies Hauptbahnhof heißen könnte?

b) Was spielt sich auf dem Bahnsteig ab, als er aus dem Zug steigt? Schildere die Szene (Buch S. 45-46) anschaulich!

c) Giacomo Pomeriggio folgt dem schwarzen Lockenkopf. Wo macht dieser plötzlich Halt?

d) Wie reagiert der Lockenkopf, als der Hausmeister ihm den Zettel mit dem Wort *Havaalani* wortlos unter die Nase hält?

e) Welche Gedanken rasen Giacomo Pomeriggio durch den Kopf, als er wieder im Zug ist, den Lockenkopf aber verloren hat? Liste alle Gedanken auf, die du im Buch auf S. 49 finden kannst!

EA

Erstellt gemeinsam einen Flugplan, in dem ihr, wie im Beispiel vorgegeben, die Ankunfts- und Abflugzeiten eintragt!

Ankunfts-zeit	Abflug-zeit	Flugroute	Flugsteig	Voraussichtl. Ankunft	Voraussichtl. Abflug
	18:14	Frankfurt - Melbourne	17		18:25
18:17		New-York - Frankfurt	12	18:33	
...					

Literaturseiten zu „Kommissar Spaghetti und das Schwein im Lehrerzimmer“ - Best.-Nr. 14 144
KOHL VERLAG Der Verlag mit dem Baum
www.kohlverlag.de

Verständnisfragen / Wörterrätsel

Kapitel 6 (Buchseiten 44 - 54)

EA

4

a) *Giacomo Pomeriggio informiert sich bei einer Dame am Informationsschalter, welche Maschine um 22 Uhr neun landen oder starten wird. Welche Auskunft erhält er?*

____

b) *Plötzlich fällt ihm ein, dass 22.9. auch ein Datum sein könnte. Wieder möchte er von der Dame eine Auskunft erhalten. Was genau fragt er sie und warum weigert sie sich, ihm eine Auskunft zu liefern?*

____

____

____

EA

5

Aus welchem Grund ist Giacomo Pomeriggio alias Hausmeister Spaghetti eigentlich auf dem Frankfurter Flughafen?

____

____

EA

6

Im folgenden Wörterrätsel sind 15 Wörter versteckt, die du alle im Buch auf den Seiten 53 und 54 finden kannst. Markiere sie mit einem Textmarker!

A	F	K	A	L	K	U	T	T	A	R	E	F	G	J	A	E	Ü	P	Z	U	M
Z	D	V	M	B	R	W	K	H	D	R	E	L	L	Ö	A	A	T	Ü	T	E	N
I	R	E	M	V	J	L	A	U	A	N	K	U	N	F	T	L	Z	K	D	F	E
C	I	P	O	L	I	Z	E	I	F	R	J	G	T	J	H	F	D	S	A	C	V
K	N	B	N	S	R	T	N	B	O	U	D	S	S	D	M	R	G	E	K	L	F
E	S	R	K	Z	B	C	F	S	D	F	I	T	A	L	I	E	N	I	S	C	H
N	A	F	E	R	A	U	S	L	Ä	N	D	E	R	E	R	D	J	T	L	Z	U
Q	W	Z	L	M	B	F	G	U	U	H	G	I	S	D	H	O	R	E	B	M	F
M	Ä	D	C	H	E	N	A	F	S	K	L	G	A	U	N	E	R	R	F	H	B
U	Z	O	L	L	K	O	N	T	R	O	L	L	E	H	K	F	D	A	D	T	Z

KOHL VERLAG Der Verlag mit dem Baum
www.kohlverlag.de
Literaturseiten zu „Kommissar Spaghetti und das Schwein im Lehrerzimmer" - Best.-Nr. 14 144

Schüttelsätze / Textverständnis

Kapitel 7 (Buchseiten 55 - 61)

EA

1 *Die folgenden Sätze sind durcheinander geraten. Setze die Satzteile wieder richtig zusammen und schreibe sie unten auf!*

- Noch einmal sagte Herr Sack: „Benny!"...
- „Auf der kreisförmigen Umlaufbahn um den...
- ...Mecki laut genug, dass Angela und Anna-Maria es mitbekamen.
- ...Gameboy-Planeten", flüsterte...
- Was Neues??? stand in Minidruckschrift...
- kreischte alles durcheinander.
- ...auf und ab tanzen.
- In der Klasse schwatzte, schrie und...
- Nach einigem Blättern fand der verhinderte Weltraumforscher...
- Mann, nun sag mir doch endlich,...
- ...und Astronaut Heribert Sack die Stelle, an der er in...
- ...auf der Innenseite. Mit drei Fragezeichen.
- ...Mini-Fußball-Flummi neben seinem Stuhl...
- ...der Religionsstunde zu lesen aufgehört hatte.
- Wie einen Jojo ohne Bindfaden ließ er einen...
- ...wie man diesen Scheiß Umfang bestimmt!
- ...Wie eine Bitte klang das.

____

____

____

____

____

____

____

____

____

EA

2 *Während in der Klasse alles durcheinander schwatzt, schreit und kreischt, hören Kathrin und José plötzlich etwas auf dem Schulhof. Was ist ihnen aufgefallen? Und warum laufen sie plötzlich aus der Klasse? Schreibe in dein Heft!*

Literaturseiten zu „Kommissar Spaghetti und das Schwein im Lehrerzimmer" - Best.-Nr. 14 144
KOHL VERLAG Der Verlag mit dem Baum www.kohlverlag.de

Textverständnis / Impulsfragen

Kapitel 7 (Buchseiten 55 - 61)

EA

3

a) *Was beobachten sie, als sie gemeinsam an der Hoftüre ankommen und auf den Schulhof blicken?*

____

____

b) *Wohin eilt der unbekannte Mann mit dem kleinen Mädchen?*

____

____

c) *Woran denken beide spontan, als der Gangster mit Julia hinter der Tür verschwunden ist?*

____

GA

4

Stellt euch vor, ihr hättet beobachtet, wie ein kleines Mädchen von einem Unbekannten gefangengenommen und entführt wird. Was würdet, was könntet ihr tun? Diskutiert in der Gruppe!

EA

5

Für Kathrin und José steht eine Entscheidung jedenfalls fest. Wofür haben sich beide fest entschlossen entschieden?

____

PA

6

Zeichnet ein Bild, in dem ihr die Szene, in der Kathrin José einen Kuss auf den Mund gibt, in einem Bild festzuhalten versucht. Achtet dabei auf den Gesichtsausdruck der beiden!

Literaturseiten zu „Kommissar Spaghetti und das Schwein im Lehrerzimmer" - Best.-Nr. 14 144
KOHL VERLAG
Der Verlag mit dem Baum
www.kohlverlag.de

Lückentext / Umgang mit Verben

Kapitel 8 (Buchseiten 62 - 68)

EA

1 *Lies im Buch die Seiten 62 und 63 aufmerksam durch. Fülle anschließend die Lücken im folgenden Text mit den richtigen Begriffen. Vergleiche anschließend mit deinem Tischnachbarn!*

Im Zimmer nebenan nahm Giacomo Pomeriggio den ______________ ab und wählte eine ______________ Nummer. „Frankfurt Flughafen – ____________“, meldete sich eine Frauenstimme. „Mein Name ist Bugiardo“, log der ______________ mit einem knarrenden und doch vertrauenswürdig ____________ Bass. „Ich bin der __________ Sekretär der italienischen ____________. Heute Morgen ist ein Kollege erkrankt und ich ______________. Nun finde ich zwischen seinen Akten einen __________ mit der Aufschrift *S. am 22.09. vom Flughafen Frankfurt* __________. Ich befürchte, der Kollege hat da etwas __________, was eventuell von großer ________________ gewesen sein könnte.“

„Ja, aber wie soll ich Ihnen da __________?“, wollte die Frau am anderen Ende der Leitung wissen. Auf diese Frage hatte Giacomo Pomeriggio alias Signore Bugardio __________. „Ich vermute“, antwortete er ____________ __________, „es handelt sich um einen ______________. Sonst hätte der Kollege doch bestimmt eine Ankunftszeit __________.“

EA

2 *Suche aus dem Text oben alle Verben (Tunwörter) heraus und schreibe sie in dein Heft. Bilde auch jeweils den Infinitiv (Grundform).* **Beispiel: nahm - nehmen**

Suche anschließend alle Adjektive (Wiewörter), die du in dem Text finden kannst. Schreibe auch sie in dein Heft und steigere sie, wenn möglich!

Literaturseiten zu „Kommissar Spaghetti und das Schwein im Lehrerzimmer“ - Best.-Nr. 14 144
KOHL VERLAG Der Verlag mit dem Baum www.kohlverlag.de

Verständnisfragen / Textarbeit

Kapitel 8 (Buchseiten 62 - 68)

EA

3

Beantworte die folgenden Fragen in vollständigen Sätzen!
Schreibe in dein Heft/in deinen Ordner!

a) Wer ist der vermeintliche Mafiagangster wirklich? Und wer ist das „entführte“ Mädchen?

b) Hausmeister Spaghetti ruft bei der Auskunft des Frankfurter Flughafens an. Als wen gibt er sich aus und was möchte er auf diesem Wege erfahren?

c) Am 22.09. trafen auf dem Flughafen drei Sonderflüge ein. Zähle sie auf!

d) Der Hausmeister beginnt wild zu kombinieren. Wie bringt er die einzelnen Flüge in Verbindung? Schildere!

e) Warum könnte der Aussiedlerhof am Beuneberg etwas mit dem rätselhafen Zettel und dem Schwein zu tun haben?

f) Als Hausmeister Spaghetti sich mit dem Fahrrad auf den Weg zum Aussiedlerhof begibt, wird er verfolgt. Wer könnten die Verfolger sein?

EA

4

- *Lies im Buch die Seiten 66 bis 68 aufmerksam durch!*
- *Welche der folgenden Aussagen sind richtig, welche falsch? Kreuze nur die richtigen Aussagen an!*

a) ☐ Hausmeister Spaghetti liest in der Lerchenbacher Morgenpost nach, was in dem Artikel darüber stand.

b) ☐ Und dieser Bauer Rohmann züchtet Schweine!

c) ☐ „Du sammelst altes Papier?“, fragte Alfredo.

d) ☐ Die kleine Giulia wollte unbedingt in der Zeitung lesen.

e) ☐ Rums! Die Wohnungstür flog ins Schloss.

f) ☐ Sofort setzte sich Hausmeister Spaghetti in seinen Opel und raste zum Zuchtbetrieb.

Literaturseiten zu „Kommissar Spaghetti und das Schwein im Lehrerzimmer“ - Best.-Nr. 14 144

Der Reihe nach ordnen

Kapitel 9 (Buchseiten 69 - 75)

EA

1 *Die folgenden Textstellen sind den Buchseiten 69 und 70 entnommen. Leider hat der Wind, der durch das offene Fenster strich, alles durcheinander gewirbelt. Schneidet alle Textstellen aus und bringt sie mit Hilfe des Buches wieder in die richtige Reihenfolge! Klebt sie anschließend in euer Heft/euren Ordner!*

a) Der Spott, mit dem sie ihn am nächsten Morgen überschütten würden, hallte schon jetzt in seinen Ohren. Dass Kathrin ihn angerufen hatte und nicht umgekehrt, das interessierte ja keinen ...

b) Denn, wer weiß, vielleicht war der Geheimdienst dem Swinoten bereits auf der Spur und hatte die Polizei angewiesen, allen Spuren nachzugehen, die im Zusammenhang mit dem vermeintlich entlaufenen Schwein standen.

c) José hielt weniger nach dem vor ihm herstrampelnden Giacomo Pomeriggio Ausschau, als nach heimlichen Spähern, die er hinter den Gardinen der Fenster vermutete, an denen er – mit Kathrin – vorbeiradelte.

d) José atmete erst auf, als sie das letzte Einfamilienhaus hinter sich gelassen hatten: kein Haus, kein Späher und auf der Landstraße nach Krumbach verirrte sich sowieso kein Schwein ...

e) Denn die Polizei – schnell ein Blick in den Rückspiegel – die Polizei hatte Herr Sack gestern Nachmittag angerufen, nachdem er den Swinoten vergeblich im Schulkeller gesucht hatte.

f) Ob es vielleicht auf der Wache abgegeben worden sei? „Abgegeben nicht", hatte der Beamte geantwortet. „Aber in der Schule in Lummelsbach ist ein Schwein aufgetaucht."

g) Wenn einer der Klassenkameraden mitbekam, wie sie Seite an Seite ins Feld fuhren ... na, dann gute Nacht!

h) Als Herbert Knack hatte er sich ausgegeben, Fahrer eines Viehtransporters auf der Durchreise. Ein Schwein sei ihm gestohlen worden.

i) Herr Sack war sich da nicht so sicher, wenn auch in seinen Befürchtungen das Wort „Schwein" nicht vorkam. Alle paar Sekunden linste er in den Rückspiegel seines steinalten Opel Kapitäns. Folgte ihm auch wirklich niemand?

Literaturseiten zu „Kommissar Spaghetti und das Schwein im Lehrerzimmer" - Best.-Nr. 14 144
KOHL VERLAG
www.kohlverlag.de

Verständnisfragen

Kapitel 9 (Buchseiten 69 - 75)

EA

2

a) *Hausmeister Spaghetti wird gleich von drei Personen verfolgt. Es sind Kathrin und José sowie Herr Sack. Sowohl José als auch den Herrn Sack treibt die Angst. Wovor?*

José: ____________________

____

Herr Sack: ____________________

____

b) *Die Angst des Herrn Sack vor der Polizei ist nicht ganz unbegründet. Warum? Schildere, was sich am Vortag ereignet hatte!*

____

____

____

____

c) *Als Herr Sack merkt, wo genau er sich befindet, setzt sein Herz für zwei Schläge aus. Wieso?*

____

____

EA

3

Als Hausmeister Spaghetti, von 20 Kindern umringt, auf dem Hof des ehemaligen Aussiedlerhofes steht, zieht er etwas aus der Tasche und zeigt es den Jungen und Mädchen. Als José dies sieht, äußert er einen schrecklichen Verdacht. Welchen? Schreibe in dein Heft/in deinen Ordner!

KOHL VERLAG Der Verlag mit dem Baum www.kohlverlag.de

Impulsfragen / Verständnisfragen

Kapitel 10 (Buchseiten 76 - 87)

EA

1

a) *Unter den zwanzig Kindern, die den Hausmeister vor dem Aussiedlerhof umringen, ist eines besonders auffällig. Was ist so besonders an ihm?*

____

____

b) *Wie versucht der Hausmeister herauszufinden, ob der Junge den Zettel geschrieben hat?*

____

____

EA

2

Gerade, als Hausmeister Spaghettis Taktik zu scheitern scheint, taucht neben dem Aussiedlerhof auf dem Acker ein Traktor auf. Gleichzeitig flüchtet der große blonde Junge hinter eine alte Eiche. Da läuft Giacomo Pomeriggios Gehirn erneut auf Hochtouren. Welcher geniale Gedanke fällt ihm plötzlich ein? Schildere, wie er den Jungen dazu bringt, die Wahrheit zu sagen!

____

____

____

____

____

PA

3

Warum haben die vielen Kinder eigentlich solch einen Respekt vor dem Hausmeister? Findet gemeinsam eine Erklärung!

____

____

____

Literaturseiten zu „Kommissar Spaghetti und das Schwein im Lehrerzimmer“ - Best.-Nr. 14 144
KOHL VERLAG Der Verlag mit dem Baum www.kohlverlag.de

Umgang mit Substantiven, Verben & Adjektiven

Kapitel 10 (Buchseiten 76 - 87)

EA

4 *Suche aus dem folgenden Text alle Substantive (Namenwörter), Verben (Tunwörter) und Adjektive (Wiewörter) heraus und trage sie in die Tabelle ein!*

> Doch das Lächeln, mit dem der geheimnisvolle Riese ihn begrüßte, beruhigte ihn ein wenig. Der Mann war nicht böse, das spürte er. Giacomo Pomeriggio blinzelte den beiden zu. „Also, das mit dem Julchen, das find ich gut.“ Der Bauernsohn glotzte den Hausmeister an, als hätte er ihm hunderttausend Mark angeboten. „Ja, wirklich, super find ich das. Nur eins versteh ich nicht. Ich meine, ... ist Julchen denn ein besonderes Schwein?“ Ein wenig trotzig, aber auch irgendwie erleichtert antwortete der deutsche Junge: „Als ich klein war, hatte ich ein Schwein, das hieß Julchen.“ „Das ist aber nicht dieses Julchen, oder? Dieses ist höchstens ein halbes Jahr alt.“ „Ja.“ „Und warum hast du es Julchen genannt?“ „Mein Julchen wollte ich damals auch retten.“ „Und heute will Erkan das Schwein ... das heutige Julchen retten?“ „Ja.“

Substantive (Nomen)	Verben	Adjektive

EA

5 *Schildere ausführlich, warum dieser Zettel (siehe unten) eigentlich geschrieben wurde! Schreibe in dein Heft!*

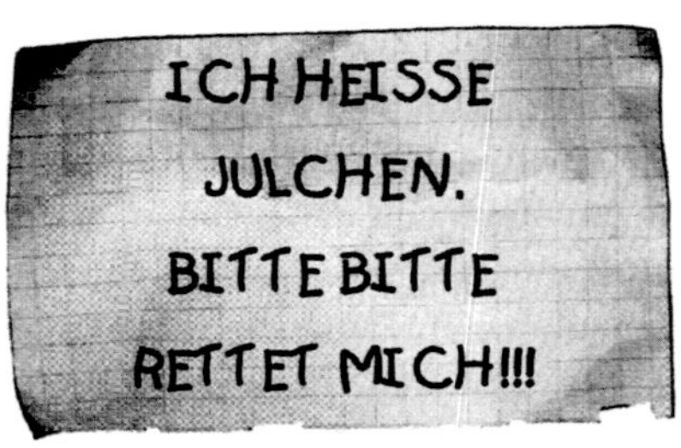

Textverständnis / Impulsfragen

Kapitel 10 (Buchseiten 76 - 87)

EA

6

a) *Wie heißt der Junge, der dem Schwein den Namen „Julchen“ gab und es vor dem Schlachthof bewahren will?*

____

b) *Welchen Grund gibt der Junge für sein Mitgefühl zu dem Schwein namens „Julchen“ an?*

____

____

____

EA

7

Gib mit deinen Worten wieder, welchen Plan sich die beiden Jungen ausdachten, um das Schwein „Julchen“ zu retten! Schreibe ausführlich in dein Heft/in deinen Ordner!

EA

8

Plötzlich nähert sich der Vater des blonden Jungen dem Aussiedlerwohnheim. Daraufhin versteckt sich der Junge in einer großen Eiche. Welchen Grund könnte er dafür haben, sich vor seinem Vater zu verstecken? Schreibe in dein Heft!

PA

9

Fast hätte Hausmeister Spaghetti den in der Nähe lauernden Herrn Sack überfahren. Als er den beleibten Lehrer erblickt, hegt er einen Verdacht. Welchen? Erklärt euch gegenseitig!

EA

10

Nachdem Herr Sack Hausmeister Spaghetti überzeugen konnte, dass er Julchen ebenfalls retten wolle, erklärt Spaghetti sich bereit, Herrn Sack auf dem Fahrrad mitzunehmen. Sie müssen sie beeilen, denn sie werden bereits verfolgt. Von wem? Warum?

____

____

____

____

Literaturseiten zu „Kommissar Spaghetti und das Schwein im Lehrerzimmer“ - Best.-Nr. 14 144
KOHL VERLAG
Der Verlag mit dem Baum
www.kohlverlag.de

Kreuzworträtsel

Kapitel 11 (Buchseiten 88 - 98)

EA

1 *Fülle die Lücken mit den richtigen Begriffen. Trage diese anschließend in das Kreuzworträtsel ein. Die Buchstaben in den grau schraffierten Kästchen ergeben, in die richtige Reihenfolge gebracht, ein Lösungswort!*

a) „Sag ruhig Giacomo zu mir – nach dem Abenteuer sind wir ja schon fast ________________.“

b) Und nun zeigte er den staunenden Kindern seinen __________________.

c) „Tja, erst einmal war ich auf dem ______________ ...“

d) Gespannt lauschten die Kinder und Herr Sack dem Bericht des __________________.

e) „Die eigentliche Botschaft stand auf der (1) ______________ des Zettels und die hatte genau genommen nichts mit der (2) ________________ zu tun.“

f) „Du, ich heiße ______________.“

g) „Ja – wieso das überhaupt auf dem ____________ steht?“

Lösungswort: I ________________

Literaturseiten zu „Kommissar Spaghetti und das Schwein im Lehrerzimmer“ - Best.-Nr. 14 144
KOHL VERLAG Der Verlag mit dem Baum www.kohlverlag.de

Impulsfragen

Kapitel 11 (Buchseiten 88 - 98)

PA

2 *Hausmeister Spaghetti hat eine ganz bestimmte Vorstellung, wie der Zettel, auf dessen Vorderseite „Flughafen, Frankfurt, 22.09." und auf der Rückseite „Havalaani" steht, entstand. Lest nach, was im Buch darüber steht (S. 89-90) und schildert es euch gegenseitig!*

EA

3 *Wie kommt Hausmeister Spaghetti darauf, dass der deutsche Junge das mit dem Julchen geschrieben haben muss?*

____

____

____

EA

4 *Auch die vermeintliche Kindesentführung vor der Schule wird nun aufgeklärt. Wer sind die kleine Julia und der angebliche Mafiagangster wirklich?*

____

____

____

EA

5 *Beantworte die folgenden Fragen in ausführlichen Sätzen in deinem Heft/deinem Ordner!*

a) Als die gesamte Gruppe wieder in die Hausmeisterwohnung zurückgekehrt sind, hört man aus der Küche ein Geschrei. Wer hält sich dort auf?

b) Warum ist das Mädchen so traurig?

c) Plötzlich mischt sich Kathrin in die Diskussion in der Küche ein. Welchen Vorschlag hat sie?

d) Warum weigert sich José, an dem Ausflug teilzunehmen?

e) Gegen Ende des Kapitels schlägt Herrn Sacks Herz plötzlich deutlich höher. Was ist der Grund dafür?

Literaturseiten zu „Kommissar Spaghetti und das Schwein im Lehrerzimmer" - Best.-Nr. 14 144
KOHL VERLAG Der Verlag mit dem Baum www.kohlverlag.de

Textverständnis / Eine eigene Meinung bilden

Kapitel 12 (Buchseiten 99 - 107)

EA

1 *Der seit ewigen Zeiten ungenutzte und entsprechend verwahrloste Schulgarten verwandelt sich am Wochenende in eine Baustelle. Was wird dort alles errichtet? Zähle auf!*

EA

2 *Alle Schulkameraden und Freunde von Kathrin und José sind dazu eingeladen, bei diesem Ereignis teilzunehmen. Wie wird das auf dem Schulgelände stattfinde Fest genau genannt?*

EA

3 *Die Schüler sehen ihren Hausmeister plötzlich mit ganz anderen Augen. Welche Meinung haben sie nun von ihm?*

PA

4 *Versucht euch vorzustellen, wie das „Schweinotop“ wohl aussehen könnte. Erstellt gemeinsam eine Zeichnung!*

5 GA

Stellt euch vor, an eurer Schule sollte ebenfalls solch ein „Schweinotop“ im Schulgarten errichtet werden. Was würde wohl eure Schulleitung dazu sagen? Könntet ihr euch vorstellen, bei der Errichtung mitzuwirken? Wenn ihr Ideen einbringen dürftet, was alles errichtet werden soll, was würdet ihr vorschlagen? Was müsste eurer Meinung nach unbedingt dabei sein?

Literaturseiten zu „Kommissar Spaghetti und das Schwein im Lehrerzimmer“ - Best.-Nr. 14 144
KOHL VERLAG Der Verlag mit dem Baum www.kohlverlag.de

Impulsfragen / Eine Rede verfassen

Kapitel 12 (Buchseiten 99 - 107)

EA

6 *Am Montagmorgen ist bereits um Viertel vor acht auf dem Schulhof die Hölle los. Was spielt sich dort alles ab? Zähle auf!*

EA

7 *Was wird sich Frau Rektorin Isabella Nothnagel wohl denken, als sie den Schulhof betritt? Schreibe in die Gedankenblase!*

EA

8 *Hausmeister Giacomo Pomeriggio hält vor dem versammelten Publikum eine Ansprache. Stell dir vor, du sollst vor all den Leuten auch eine Ansprache halten. Was würdest du sagen?*

EA

9 *Als in des Hausmeisters Ansprache zum ersten Mal das Wort Schwein ertönt, ist eine laut donnernde Stimme zu hören. Wem gehört die Stimme und was sagt die Person?*

Literaturseiten zu „Kommissar Spaghetti und das Schwein im Lehrerzimmer“ - Best.-Nr. 14 144
KOHL VERLAG Der Verlag mit dem Baum www.kohlverlag.de

Textverständnis

Kapitel 12 (Buchseiten 99 - 107)

EA

10 *Hausmeister Giacomo Pomeriggio lässt sich durch die kleine Störung seiner Rede nicht aus der Ruhe bringen. Im Gegenteil, er geht in die Offensive und wendet einen Trick an, mit dem er den Bauern Rohmann zu überlisten versucht. Welchen?*

PA

11

a) *Wieso wurde dem Bauern durch diesen Winkelzug des Hausmeisters der Wind aus den Segeln genommen? Erklärt!*

b) *Dasselbe wiederfährt auch der Rektorin Nothnagel. Wie schafft es Hausmeister Pomeriggio, auch sie ungefragt auf seine Seite zu ziehen? Schreibt in eure Hefte!*

PA

12 *Alle Kameras, Blitzlichter und Mikrofone werden schließlich auf das Schwein gerichtet. Worauf warten alle? Was erwarten sie von dem Schwein?*

PA

13 *Ein nicht unbekannter, vier Zentner schwerer Mathe-, Deutsch-, Religions- und Sportlehrer feiert die Errichtung des „Schweinotops“ laut und ausgelassen. Warum ist er so glücklich?*

Literaturseiten zu „Kommissar Spaghetti und das Schwein im Lehrerzimmer“ - Best.-Nr. 14 144
KOHL VERLAG Der Verlag mit dem Baum www.kohlverlag.de

Die Lösungen

Kapitel 1:

1.) **In folgender Reihenfolge:** Kommissar Spaghetti, Italiener, neunundneunzig, spindeldürr, Spaghetti, Deutsch, Hausmeister, Erich-Kästner-Schule
- Benny, Känguruh, 70, Australien
- Isabella Nothnagel, Kreissäge, Vorschriften, streng
- Ach-du-liebes-Kind, lieb, Musik
- Astronaut, Lehrer, vier Zentner, Sport
- Schülerinnen, Schüler

2.) **a)** Er steht pünktlich um halb acht auf. **b)** Dort sitzt ein Schwein. **c)** Er ist begeisterter Leser von Weltraumabenteuern. **d)** Er hat das Buch „Der Kampf der Swinoten" gelesen. Nun glaubt er, genau so ein Swinote vor sich zu haben. **e)** Die Rektorin hat Angst, dass die Schüler etwas von dem Geschehen mitbekommen könnten. Sie befiehlt, das Schwein vorerst in das Herrenklo einschließen zu lassen, bis sie die Polizei gerufen hat. **f)** ‚Der Swinote ist noch nicht untersucht worden, auf Bakterien, auf Viren!' **g)** „Mein Herr! Das ist kein Braten! Ich sage Ihnen: Niemand krümmt dem Swino ... äh ... dem Schwein eine Borste! Er ... äh ... ich meine, *es* steht unter meinem persönlichen Schutz!" **h)** Der Hausmeister, Herr Sack, Frau Kertenbach-Besserkrott, Rektorin Isabella Nothnagel

Kapitel 2:

1.) **a)** Es ist José, ihr Klassenkamerad. **b)** Seitdem ihn Kathrin in der Englischstunde so komisch angesehen hat, fährt er lieber mit seinem Vater (der den selben Weg hat) zur Schule, denn dann ist die Chance größer, Kathrin vor der Schule zu begegnen. **c)** Wenn ihr Julchen nicht rettet, ist sie verloren.

2.) José fragte, was das denn sei. Als schnippische Antwort kam, dass er neugierig sei. José sagte darauf, sie solle es ihm mal zeigen. Zack – verschwand die Hand mit dem zusammengeknüllten Blatt hinter Kathrins Rücken. José drohte, er würde es sich holen. Kathrin neckte, er solle es doch versuchen. Und dann rannte sie los. Bis in die äußerste Ecke der Pausenhalle. Dort prallte sie fast gegen die Wand. Und José prallte gegen Kathrin. Aber nicht nur fast! Kathrin schimpfte, ob er denn spinne. Dabei lachte sie aber. José fragte, ob sie es ihm jetzt zeigen würde, dabei packte er ihre Hand.

4.) Sie möchten unbedingt wissen, warum die Polizisten zum Lehrerzimmer wollen.

6.) Sie sind der Ansicht, auch noch andere Arbeiten erledigen zu müssen, als entlaufene Schweine festzunehmen. Außerdem haben sie Angst, dass ihnen das Schwein den ganzen Wagen versauen könnte.

Kapitel 3:

1.) **Richtige Antworten:** a) (Seite 19); c) (Seite 25); d) (Seite 28); e) (Seite 25); h) (Seite 19); i) (Seite 23); j) (Seite 24); l) (Seite 26)

2.) **a)** Er möchte das Schwein auf einen Schlitten legen, um es so durch das Treppenhaus in den Keller zu schaffen.
b) Mit Hilfe der Hosenträger, die Herr Sack am Körper trägt.

3.) Er lehnt sich über das Treppengeländer und brüllt ganz laut: „Alaaarm! Feuer, fuoco, Feuer!" Somit müssen alle Schüler, so schnell sie können, das Schulgebäude Richtung Schulhof verlassen.

5.) Ihnen fällt auf, dass es im Musiksaal doch gar kein Wasserrohr gibt. Außerdem war bei der Feuerübung kein Lehrer anwesend, um die Schüler einzuweisen.

6.) Ihnen ist aufgefallen, dass an der Übung keinerlei Lehrer teilgenommen hatten, was bei einer Feuerübung sonst immer der Fall ist.

Kapitel 4:

1.) hieven - hieven; war - sein; hatte geschafft - geschafft haben; plumpsen - plumpsen; lassen - lassen; schlafend - schlafen; schob - schieben; löste - lösen; verknotete - verknoten; nahm - nehmen; erwachte - erwachen; legte - legen

2.) **In folgender Reihenfolge:** Speckfalte, Borsten, entdeckt, strampelnden, Halsband, rosa, Reißverschluss, zusammengefalteten, Lederherzen, Mist, Nachricht, Frankfurt

3.) **a)** Ein großes rotes Riesenkänguruh. **b)** Es soll mit einer Sackkarre transportiert werden. **c)** Er will sich absolut sicher sein, dass kein Schüler in der Nähe ist. **d)** Das Schwein trägt ein Halsband mit einem Herztäschchen. **e)** Auf dem Zettel steht: „Havaalani Frankfurt. 22.09."

KOHL VERLAG Der Verlag mit dem Baum
www.kohlverlag.de

Die Lösungen

Kapitel 4:

4.) Der Zettel wurde offensichtlich weder von einem Italiener noch von einem Deutschen geschrieben, denn die Buchstaben wirken wie aus einer anderen fremden Sprache.

5.) Vorher möchte er am Frankfurter Hauptbahnhof vorbeischauen und sich wegen des Schweins dort ein wenig umsehen.

Kapitel 5:

1.) **a)** Sie sehen, wie ein Polizeiwagen auf den Schulhof fährt, dort parkt und zwei neue Polizisten aus dem Wagen aussteigen. **b)** Um diese Uhrzeit ist nur noch der Hausmeister anwesend. **c)** Er ist zu sehr in seinen Gameboy vertieft. **d)** „Schwein nix mehr da." **e)** Er fährt zum Lummelsbacher Bahnhof, kauft sich die Zeitschrift *Das Tier* und steigt in den Nahverkehrszug nach Frankfurt ein.

2.) **a)** Ze - bra - strei - fen; **b)** be - schleu - ni - gen; **c)** Po - li - zei - wa - gen; **d)** Ge - päck - korb; **e)** Trep - pen - haus; **f)** Haus - meis - ter; **g)** Be - för - de - rung

4.) **a)** Schultor; **b)** Stichwort; **c)** Maiskolben; **d)** auskommen; **e)** Ansprache; **f)** Außerirdischen **g)** 1 = feuchten, 2 = Kellertür; **h)** Swinotenleer
<u>Lösungswort</u>: Hausmeister

Kapitel 6:

1.) **Richtige Aussagen:** a), c), d), g), h), j), k), l)

2.) **a)** Schlachtvieh wird von Güterzügen transportiert. Und Güterzüge trifft man auch im Hauptbahnhof an. Also könnte das Wort Ha-vaa-la-ni vielleicht doch Hauptbahnhof heißen.
b) Er hört jemanden „Frankfurt Havaalanina!" brüllen. Es ist ein Lockenkopf mit schwarzen Haaren. Ein ebenso dunkelhaariger, lockiger Kerl brüllt „Peron on sekiz!" zurück. Beide Lockenköpfe winken sich zu. Der Lockenkopf kämpft sich in Windeseile durch die Menge.
c) Er steuert auf den Zuganzeiger auf Bahnhof 18 an und bleibt dort stehen.
d) Er reagiert prompt und sagt „Havaalanina" zum Hausmeister. Dann weist er auffordernd nickend auf den Waggon, der neben ihnen zum Stehen kommt.
e) Seltsam... Aber vielleicht sehe ich ihn ja heute Abend schon wieder. Unsinn! Das war Zufall. Weiter nichts. Der Mann fuhr auch zum Flughafen und er hatte einen Landsmann gefragt, von welchem Bahnsteig der Zug ging. Außerdem: Ein Schwein auf dem Flughafen! Ein Schwein im Flugzeug! Das war doch unmöglich! Wieso? Zirkusse laden ihre Elefanten in Jumbos. Selbst Delphine werden in Düsenjets transportiert. Da wäre ein fliegendes Schwein doch schon fast normal ...

4.) **a)** „Tut mir leid, mein Herr, um 22 Uhr neun haben wir keinen Start und keine Landung."
b) Er möchte von ihr die Auskunft haben, welche Maschinen am 22. September am Flughafen gestartet und gelandet sind.

5.) Er will seine Gäste vom Flughafen abholen.

6.) **Siehe Wörterrätsel rechts:**

A	F	K	A	L	K	U	T	T	A	R	E	F	G	J	A	E	Ü	P	Z	U	M
Z	D	V	M	B	R	W	K	H	D	R	E	L	L	Ö	A	A	T	Ü	T	E	N
I	R	E	M	V	J	L	A	U	A	N	K	U	N	F	T	L	Z	K	D	F	E
C	I	P	O	L	I	Z	E	I	F	R	J	G	T	J	H	F	D	S	A	C	V
K	N	B	N	S	R	T	N	B	O	U	D	S	S	D	M	R	G	E	K	L	F
E	S	R	K	Z	B	C	F	S	D	F	I	T	A	L	I	E	N	I	S	C	H
N	A	F	E	R	A	U	S	L	Ä	N	D	E	R	E	R	D	J	T	L	Z	U
Q	W	Z	L	M	B	F	G	U	U	H	G	I	S	D	H	O	R	E	B	M	F
M	Ä	D	C	H	E	N	A	F	S	K	L	G	A	U	N	E	R	R	F	H	B
U	Z	O	L	L	K	O	N	T	R	O	L	L	E	H	K	F	D	A	D	T	Z

Kapitel 7:

1.)
- Noch einmal sagte Herr Sack: „Benny!" Wie eine Bitte klang das.
- „Auf der kreisförmigen Umlaufbahn um den Gameboy-Planeten", flüsterte Mecki laut genug, dass Angela und Anna-Maria es mitbekamen.
- Was Neues??? stand in Minidruckschrift auf der Innenseite. Mit drei Fragezeichen.
- Mann, nun sag mir doch endlich, wie man diesen scheiß Umfang bestimmt!
- Wie ein Jojo ohne Bindfaden ließ er einen Mini-Fußball-Flummi neben seinem Stuhl auf und ab tanzen.
- Nach einigem Blättern fand der verhinderte Weltraumforscher und Astronaut Heribert Sack die Stelle, an der er in der Religionsstunde zu lesen aufgehört hatte.
- In der Klasse schwatzte, schrie und kreischte alles durcheinander.

2.) Sie hören eine Männerstimme draußen auf dem Hof. „Julia!", ruft die Stimme. Julia? Hatte das etwa was mit dem geheimnisvollen Zettel zu tun?

Literaturseiten zu „Kommissar Spaghetti und das Schwein im Lehrerzimmer" - Best.-Nr. 14 144
KOHL VERLAG Der Verlag mit dem Baum
www.kohlverlag.de

Die Lösungen

Kapitel 7:

3.) **a)** Sie sehen, wie ein kleiner, stämmiger Typ mit dunklen, gelgeglätteten Haaren und noch dunklerer Sonnenbrille ein etwa fünfjähriges Mädchen gewaltsam über den Schulhof trägt.
b) Er eilt Richtung Nebeneingang, der zur Hausmeisterwohnung führt.
c) Sie glauben, dass ein Mafiagangster das kleine Mädchen gekidnappt hat.

5.) Sie wollen Julchen auf jeden Fall retten.

Kapitel 8:

1.) **In folgender Reihenfolge:** Telefonhörer, elfstellige, Auskunft, Hausmeister, wirkenden, Zweite, Botschaft, vertrete ihn, Zettel, abholen, versäumt, Wichtigkeit, helfen, gewartet, ohne Zögern, Sonderflug, notiert

2.) nahm - nehmen; wählte - wählen; meldete - melden; log - lügen; bin - sein; ist erkrankt - erkranken; vertrete ihn - ihn vertreten; finde - finden; befürchte - befürchten; hat - haben; versäumt - versäumen; gewesen sein - gewesen sein; soll - sollen; helfen - helfen; wollte - wollen; wissen - wissen; hatte - haben; gewartet - warten; vermute - vermuten; antwortete - antworten; handelt - handeln; hätte - haben; notiert - notieren

knarrend - knarrender - am knarrendsten; vertrauenswürdig - vertrauenswürdiger - am vertrauenswürdigsten; groß - größer - am größten

3.) **a)** Es ist Alfredo, der Bruder von Hausmeister Spaghetti. Die kleine Julia ist mit Alfredo verwandt. **b)** Er gibt an, der Zweite Sekretär der italienischen Botschaft zu sein. Auf diesem Wege möchte er erfahren, welche Sonderflüge auf dem Flughafen eingegangen sind.
c) Um 10 Uhr 17 eine Maschine aus Reykjavik, um 17 Uhr 40 eine zusätzliche Maschine der Bundespost und um 18 Uhr 13 ein Klipper aus Budapest. **d)** Er bringt vor allem die Sondermaschine aus Budapest mit dem Zettel in Verbindung, denn er hatte da ja was in dem *Lummelsbacher Blättchen* über Asylbewerber aus Bulgarien gelesen.
e) Er liegt direkt neben der Schweinezucht von Bauer Rohmann.
f) Es sind Kathrin und José sowie Herr Sack.

4.) **Richtige Aussagen:** b), c), e)

Kapitel 9:

1.) **In folgender Reihenfolge:** c), g), a), d), i), b), e), h), f)

2.) **a)** José hat Angst, dass ihn Klassenkameraden dabei beobachten könnten, wie er mit Kathrin zusammen in Richtung Felder radelt. Herr Sack hat Angst, die Polizei könnte ihn verfolgen. **b)** Er hatte bei der Polizei angerufen und sich als Herr Knack ausgegeben, um zu erfahren, ob dort ein gestohlenes Schwein abgegeben worden sei. **c)** Er erinnert sich plötzlich daran, dass sich hinter dem Aussiedlerheim eine Schweinefarm befindet.

3.) Er sagt: „Die Mafia verkauft auch Kinder. Als Sklaven. Nach Arabien und so. Das habe ich im Fernsehen gesehen."

Kapitel 10:

1.) **a)** Eines der Kinder ist großgewachsen und hat blonde Haare.
b) Er fordert den Jungen dazu auf, das Wort Julchen zu schreiben. Er möchte herausfinden, ob die Schrift mit der auf dem Zettel übereinstimmt.

2.) Er setzt voraus, dass der Bauer auf dem Traktor der Vater des Jungen ist. Deswegen droht er, dem Vater alles zu erzählen. Er möchte herausfinden, wie der Junge reagiert. Und der Junge reagiert, wie geplant, er wird bleich und versucht, den Hausmeister an seinem Plan zu hindern. Das ist der Beweis, dass der Bauer der Vater des Jungen ist.

4.) **Substantive:** Lächeln, Riese, Mann, Giacomo Pomeriggio, Julchen, Bauernsohn, Hausmeister, Mark, Schwein, Junge, Jahr, Erkan
Verben: begrüßte, beruhigte, war, spürte, blinzelte, find ich gut (gut finden), glotzte, hätte er angeboten, versteh ich nicht, meine, ist, antwortete, war, hatte, hieß, hast, wollte, retten,
Adjektive: geheimnisvolle, böse, besonderes, trotzig, erleichtert, deutsche, klein

5.) Der kurdische Junge namens Erkan hatte Mitleid mit den Schweinen. Er wollte, dass wenigstens eines davon gerettet wird. Er gab dem Schwein den Namen Julchen, ließ den deutschen Jungen den Zettel schreiben und brachte beides in die Schule in der Hoffnung, dort würde man sich um den Fall kümmern.

Die Lösungen

Kapitel 10:

6.) **a)** Der Junge heißt Erkan. **b)** In Erkans Heimatland werden keine Schweine geschlachtet. deswegen hat er Mitleid mit dem Schwein, zumal er Schweine süß findet.

8.) Er hat das Schwein aus dem Zuchtbetrieb „entführt“ und es verschwinden lassen. Darüber ist der Vater nicht sehr glücklich....

10.) Der Bauer ist hinter ihnen her. Er hat offensichtlich herausbekommen, dass ihm ein Schwein abhanden gekommen ist.

Kapitel 11:

1.) **a)** Blutsbrüder; **b)** Schweinezettel; **c)** Bahnhof; **d)** Hausmeisters; **e)** (1) Rückseite, (2) Vorderseite; **f)** Giacomo; **g)** Zettel
Lösungswort: Italiener

3.) Die Schrift besteht aus deutschen (lateinischen) Druckbuchstaben, sie kann also nur von einem deutschen Kind, und nicht einem kurdischen, geschrieben worden sein.

4.) Bei dem angeblichen Mafiagangster handelt es sich um den Bruder des Hausmeisters. Die kleine Giulia ist ein Mädchen aus Australien, die mit dem Bruder verwandt zu sein scheint.

5.) **a)** Es ist die kleine Giulia, die total beleidigt ist. Sie möchte spazieren gehen. Das darf sie aber nicht, da der Bruder des Hausmeisters Sorge hat, sie könnte dabei verloren gehen.
b) Sie möchte unbedingt spazieren gehen. **c)** Sie schlägt vor, sich das Kind zu schnappen und mit ihm zusammen einen Spaziergang zu machen. d) Er hat Angst, seine Klassenkameraden könnten ihn dabei beobachten, wie er mit Kathrin und einem Kindergartenkind an der Hand durch die Straßen zieht. Er fürchtet sich vor dem möglichen Geläster darüber.
e) Er hat einen Laut in der Swinotensprache vernommen.

Kapitel 12:

1.) Es wird eine Riesenmulde ausgehoben. Ein Fachwerksbau im Höhlenstil wird errichtet sowie ein Jägerzaun um ein Geviert von 30 mal 30 Metern darum gezogen.

2.) Der Name des Festes lautet „Große Schweinotop-Bau-Fete“.

3.) Sie finden ihn plötzlich „voll in Ordnung“, da er das Schwein gerettet hat. Außerdem halten sie die Errichtung des Biotopes für „Voll geil!“

6.) Auf dem Schulhof parkt ein Übertragungswagen des regionalen Fernsehsenders. An jeder Ecke lauern Rundfunkreporter oder Zeitungsschreiber auf Interviewpartner.

9.) Die Stimme gehört zu Bauer Rohmann, der laut donnernd nach seinem Schwein fragt.

10.) Er erzählt dem Publikum, Bauer Rohmann habe das Schwein großzügig für das neue Biotop gespendet. Als das Publikum den „edlen Spender“ daraufhin dreimal hochleben lässt, ist dem Bauern jeglicher Groll aus den Segeln genommen!

11.) **a)** Er erzählt dem Publikum, Bauer Rohmann habe das Schwein großzügig für das neue Biotop gespendet. Als das Publikum den „edlen Spender“ daraufhin dreimal hochleben lässt, ist dem Bauern jeglicher Groll aus den Segeln genommen!
b) Er lobt ihren Einfallsreichtum, ihre Experimentierfreude und ihre pädagogische Weitsicht, was letztlich dabei geholfen habe, das Schweinotop in Angriff zu nehmen. Natürlich lässt das Publikum auch sie dreimal hochleben. Sie ist danach völlig überrumpelt und nimmt den Applaus hilflos in stiller Dankbarkeit entgegen.

12.) Sie wollen die Lautäußerungen des ersten Schweinotop-Schweins der Welt für das Vorabendprogramm aufzeichnen.

13.) Er ist stolz darauf, es geschafft zu haben, den Außerirdischen zu retten und nun eine heimliche Swinoten-Forschungsstation zu errichten.

KOHL VERLAG Der Verlag mit dem Baum
www.kohlverlag.de
Literaturseiten zu „Kommissar Spaghetti und das Schwein im Lehrerzimmer“ - Best.-Nr. 14 144